PRECE A UMA ALDEIA PERDIDA

Ana Miranda

PRECE A UMA ALDEIA PERDIDA

EDITORA RECORD
RIO DE JANEIRO • SÃO PAULO
2004

Cip-Brasil. Catalogação-na-fonte
Sindicato Nacional dos Editores de Livros, RJ.

M64p Miranda, Ana, 1951-
       Prece a uma aldeia perdida / Ana Miranda.
       - Rio de Janeiro : Record, 2004.

       ISBN 85-01-07139-0

       1. Poesia brasileira. I. Título.

                        CDD 869.91
04-2001   CDU 821.134.3(81)-1

Copyright © Ana Miranda, 2004

Projeto gráfico: Regina Ferraz

Manuscritos de capa e miolo: Ana Miranda

Todos os direitos reservados.
Proibida a reprodução, armazenamento ou transmissão de partes deste livro, através de quaisquer meios, sem prévia autorização por escrito.

Direitos exclusivos desta edição reservados pela
DISTRIBUIDORA RECORD DE SERVIÇOS DE IMPRENSA S.A.
Rua Argentina 171 - Rio de Janeiro, RJ - 20921-380 - Tel.: 2585-2000

Impresso no Brasil

ISBN 85-01-07139-0

PEDIDOS PELO REEMBOLSO POSTAL
Caixa Postal 23.052
Rio de Janeiro, RJ - 20922-970

EDITORA AFILIADA

*Agradeço ao poeta
Roberto Gonçalves por
ter-nos guiado à
serra da Tormenta, MG*

*Todas as coisas
fogem
de tudo eternamente*
MARCO LUCCHESI

PRECE
À ALDEIA

No Carmo das águas claras
Passa tudo sem passar
Passa o boi passa a boiada
Passa o tempo mansamente
E o passado anterior
Passa a rua que se inclina
No rumo daquela serra
Vai pela estrada infinita
Dobra a esquina secular

Passa a menina do doce
O doce despedaçar
Passa a criança da escola
A praça a sente passar
Passa tudo, nada passa
Passa o boi, passa a boiada
Passa a vida que declina
Verbos no infinitivo
Conjugando a solidão
Ao dobrado som do sino
Para o meu triste destino
Gaiola de bambu fino
Passarinho na prisão

Pois quando eu era menino
Cacei muito passarinho
Mas hoje não caço mais
Perdido nos carrascais
Escutava o seu chilreio
Mirava, acertava em cheio
Hoje não acerto mais
Eu era tão pequenino
Hoje sou ainda mais

Com minhas esguias pernas
Subia nas serranias
Para as lágrimas chorar
Lá no alto da Tormenta
Onde toda a força venta
Onde tão longe se avista
E molhava os teus telhados
Os teus telhados de barro
Os teus telhados de musgo
Como chuva de lamento
Mas hoje não molho mais
As lágrimas purpurinas
Molham o peito da menina
Que morreu de apaixonar-se

Eu vim de lá das colinas
Eu sempre vivi por lá
Lá nada passa, e se inclina
Na encosta da montanha
Tudo o que vem de cima
Tudo o que vem do alto
No mistério do cobalto
Negro ouro reservado
A madre a oferecer
Meu reino por um cavalo
Meu reino por um santuário
Meu reino por uma flor

O reino das altas terras
O reino da solitude
Reino das águas claras
Caindo pelo grotão
Reino de gotas douradas
Reino em lírico verdor
As aves que aqui gorjeiam
Cantam o teu sofrimento
Mas aqui, embora doa
O povo tem mais amor

Passa a serra e a tormenta
Passa tudo sem passar
A cancela aberta passa
O queijo a me perguntar
O que passaste, menino?
Por aqui bem devagar
Passa tudo, passarada
Passa o boi, passa a boiada
Passa a lua equilibrada
No desespero da noite
Da madrugada o apelo
Na sombra do meu cabelo
Passo a passo o pesadelo
Espreitando meu sonhar

Passa a velha encarquilhada
Passa a lua a suspirar
A vida não deu em nada
Nada me veio a calhar

O beijo que tu levaste
Para uma vila no sul
Para a corrente do rio
Para o amor, o amavio
Cravos num copo de vidro
Bichos azuis no quintal
O barro do joão-de-barro
O tracejo de um canário
E o meu coração azul

As rédeas da liberdade
Antes que passe a tarde
Antes que cesse o vento
A vida nunca é de tarde
A vida nunca é solteira
A vida é uma brincadeira
Que se brinca sem brincar
Debaixo da laranjeira
Atrás do fogão a lenha
O muro de uma açucena
A queda da buganvília
A florzinha do jasmim
A vida nunca é pequena
Pequeno é o seu altar

Bom Deus, agradeço tudo
Rezo à noite e rezo mudo
Amém

Um rosário desfiado
Nos meus dedos de menino
Depositário das obras
Do sagrado coração
E do mistério da vida
Mistério da confissão

Amém, amém para sempre
Amém, que só sei rezar

O silêncio de uma reza
O silêncio de uma reza

No teu seio tão premente
Soluça o tempo que escasso
Per omnia saeculorum
Roda na roda o cilício
Pila no pilão o trigo
Meu coração apressado
O frango bica meu peito
No pasto a coruja pia
Num sonho desentendido
E o menino ia em riste
Jogando pedras na estrela
No açude prateado
O seu corpo mergulhado
Cobria a cabra no cio
E uma égua indolente
Na alcova da colina
Até que a noite acordasse
E se desprendesse o frio
Das alturas das montanhas
Debaixo de um céu de açoite
Numa neblina espessa
E o medo fazia a reza
Sair do pequeno ninho

Protegei Santa Maria!
Protegei que estou sozinho!

Ave, Santa Maria
Ave perdida no céu
Ave sonora rainha
Ave perdoa teu filho
Que não sabe perdoar
Que não sabe perdoar

Passa a reza proferida
No silêncio do povoado
Passa a partida, o retorno
Passa a ausência do mar
E vai qualquer movimento
Adiando o meu castigo
Pois Deus se zangou comigo
Porque pequei, Santa Madre
Pequei contra a castidade
Pequei contra o não pecar
Pequei no sul e no norte
Pequei contra a minha sorte
Pequei contra o meu desígnio
Não soube resignar
Visível flor caroá
Pinheiro todo amarelo
A lavadeira a lavar

Lençol do meu branco pranto
A priminha não morreu
A priminha foi pra lá
E o teu pranto, pranto, pranto
Era branco como o manto
De nossa senhora da terra
De nossa senhora de tudo
Era branco o pranto teu
Era pranto como o meu

A Senhora Aparecida
Então foi que apareceu

Passa
Passa o fim
E o recomeço
A fúria passa
E o avesso
Do que passou
Passará

E passa o sol
Num declínio
Brilhando
No seu caminho
Nem diz adeus
Ao partir

Passam
As palavras mais antigas
Os cantos religionais
Nos velórios as cantigas
Vão ficando para trás
Adeus
Nos campos gerais

Meu bisavô foi tropeiro
O meu pai foi andarilho
E eu pito o meu tabaco
Deitado na palha do milho
O meu amor foi primeiro
Teu amor ficou comigo

Diziam os velhos antigos
Amor sempre vai ficar
Amor que fica primeiro
Amor picando o meu peito
Amor verdadeiro amor
Amor beijando meus lábios
Um amor no cativeiro
E hoje diz o meu filho
No momento derradeiro
Indo da montanha às abas
No meio de bois e cabras
O amor sempre foi demente
O crente do amor é tolo
Não se elogia um burro
Antes de um atoleiro
Amor nunca foi cigarro
Que se queima num braseiro
E aquelas cinzas que passam
São cinzas eternamente

Já dizia o meu avô
E minha avó repetia
Amor que fica sozinho
É amor que parte primeiro

O meu bisavô tropeiro
Viajava o dia inteiro
Pelo caminho da pedra
Pois na pedra tudo fica
E passa o passo a seguir

Passa, passa a lua e a madrugada
Passa o verso e a passarada
No passeio distraído
Passa, passa o boi passa a boiada
Passa a peneira rachada
Passa o momento de rir

Passa
Nos olhos do rio grande
Do cálice consagrado
Do escuro confessionário
O mapa do meu tesouro
Daquele menino que fui

Fui menino e não passei
Tanta fé no coração
E não me deixaram passar

Um menino que subia
A ladeira todo dia
E ia dar injeção
No velho tuberculoso
Deitado no seu colchão
De palha e desassossego

Salve, salve Rainha
Mãe da misericórdia
Salve santa da tísica
Salve as almas do lugar!

E na sombra do semblante
Uma luz vinha luzir
Azulada lamparina
Bailava na minha sina
Deus há de me perdoar

Viste a menina pálida
Que ao baile não foi bailar?
Chorou toda a madrugada
Desmaiada no espaldar
Sapatinho de veludo
Mamãe me mandou ficar
Veio o moço capa e espada
Veio o ímpeto do dia
O travesseiro de pena
E toda a melancolia
Da janela sempre aberta
Passando a vida acolá

"O amor já é de si
Um grande arrependimento."

Debruçada no convento
Só não passa pensamento
Devaneio enfim não passa
E a chama que sempre arde
Ela reza e quer amar
Mas o amor não permite
Porque vive no limite
Abnegado tormento
O lamento não aceita
Não suporta a gelidez

De um vento sublunar
Receita de pão-de-ló
Forno de rosca caseira
Menina despedaçada
Bordando pano de prato
O pé fora do sapato
O tapete a desfiar

O tapete dos meus sonhos
Teus pés a cariciar

Passarei, tu passarás
Passaremos para trás
À sombra do tamarindo
Debaixo dos bananais
Passaremos, passareis
Cada um tem sua vez

Pássaros livres na roça
Euclides na sua horta
Zé Luiz na piscininha
Compadre meu bom Francisco
Fumando de seu tabaco
Sorrindo flores de hibisco
Comadre sá Teresinha
Preparando com polvilho
Biscoito e café adoçado
No açúcar do paraíso
O latido do cachorro
Túmulo da vovó morta
A porta do cemitério
Três desejos numa igreja
Esse destino-meu-deus
A fazenda onde nasci
Uma fazenda singela
Com lampião e cancela
Porta e janelas azuis
Galinha ciscando o milho
Córrego pelo quintal
O matuto do Caraça
Que não cansa de agachar
Agachado no caminho
De cada um passarinho
Como se ali fosse o mundo
Ali o mundo não é
Mas um pedaço a ficar

Mundo mundo vasto mundo
Sem rumo determinado
Campos campos campos tantos
Num recanto tão perdido
Que se pode reencontrar
Bel-fazer e bel-amar
Um cárcere ou qualquer outro
A esquecer e desdenhar
Por um gole de aguardente
Por dois goles de cachaça
O matuto do Caraça
Notando o sol a deitar
Sem pensar no que passou
A querer desconfiar
Abelha-de-poucas-flores
À sombra da gameleira
A meiguice do ficar

E o padre, já casou de novo?
E a noiva, já casou de véu?

Passa o mestre sapateiro
A sovela a sovelar
Passa o José carpinteiro
Com vergonha de seu nome
Um serrote e um martelo
Passa o menino corrido
Esquecendo o bê-á-bá
E vai morrendo de fome
arroz-doce, mungunzá
Passa o padre derradeiro
Para os prazeres provar
Passa a velha rezadeira
Murmurando as vespertinas
A viúva deserdada
A adúltera cristã
Passa a horda dos arcanjos
E a legião dos soldados
Passa a louca desvairada
O vadio embriagado
Passa o judeu errante
O abafador a matar
O protestante a reler
Palavras em livro preto
Promessa de turmalina
Na névoa desta manhã

Mentiras se enredando
Pelas frestas da ilíada
Passa uma sonhadora
Com suas hostes pagãs
Passa o teatro do circo
Passa aquela prostituta
De estrelas embriagada
O catireiro a somar
Quando tudo é bom negócio
Por atacado ou varejo
O boticário a pingar
O solteiro apaixonado
Caminhoneiro perdido
Engenheiro a calcular
O passarinho pousando
O cachorro no farejo
O varredor a varrer
O mendigo a mendigar

Os sacos de cereais
Os secos e os afogados
Alho, cebola, fogo
As nuvens passam no céu
A chuva a delimitar
O tempo fértil da terra
E o lavrador lavrando
A vida no seu lugar

A vida no seu lugar
O padeiro perdoado
Por ter feito nosso pão
O cego que ouve o sapo
Passa a mulher carpindo
A morte, último inverno
A sonâmbula que voa
A invejosa em seu melindre
O cabrito a saltitar
A mãe que nos desenreda
As irmãs maledicentes
A maldizer com três pragas
O homem que quer três homens
Os rapazes catamitos
Na sua cama a gozar
O estrume do cavalo
O esterco da galinha
A água tão cristalina
A vida no seu lugar

Na igreja e na cozinha
Na panela a fumegar
Mexendo em tachos de cobre
Os doces de uma rainha
Morando em minha cintura
Nossa Senhora de Fátima
Nossa senhora da lágrima
Nossa senhora da cura
Nossa senhora do mel
Nossa senhora da pátina
Nossa senhora do esmero
Nossa senhora cristal
Minha senhora, socorro
Quase morro

Passa a casca da ameixa
Fica a resina do gosto
Que não foi mentira, não
Resta a colheita das flores
Que o menino bom servia
Num copinho de aguardente
Discreto como a semente
Antes do seu desflorir

Num albergue de tilápias
Casebre de buriti

A tesourinha no fio
Desempenha acrobacias
Vida, vida bem pretinha

Tua vida, tão sozinha

Sozinha num gabinete
Num banquete de palavras
A silhueta do sonho
Numa cama violeta
Escrevendo num caderno
Versos caídos do céu
Na mais turva tempestade
As perguntas sem respostas
Num estranho coliseu
De lágrima e de cristal

A lágrima passa e o tempo
Sempre sopra o semprevento
A sempretude do sempre
A sempremente passar
As unhas nas minhas costas
Doendo sem ver alívio
O lembrado e o oblívio
O colibri enterrado
O roceiro e a enxada
Nas costas me vem arar

Passa lenta a madrugada
Passa a palavra ardida
Que fere a funda ferida
Aberta antes de mim

Vai-se a mágoa, o sentimento
Nas águas do lago as furnas
A festa da luz divina
A ordem determinada
A chuva da Santa Graça
Nas colinas do receio
Momento de comunhão
Quando os anjos se desvelam
Amplos campos de café
Descalvado de algodão
Infinito canavial
A chuva que vem molhar
Cavalos sem suas selas
Telhados sem seus beirais

E Jesus desce na cruz
Para nos salvar

Nos braços de sua mãe
Nos braços do Cristo morto
A procissão vai passar

Se não fosse de passagem
A vida seria sem graça
E a paz da necessidade
Seria paga por Deus
Meu Deus de coroa e manto
Sua antiga Majestade
A gala do seu quebranto
A pompa do seu legado
Sacrário na obscuridade
A missa da reclusão
A dádiva e a esmola
A renúncia da bondade
O carvão e a fumaça
O rei que já foi bem cedo
Ao reino em que vai reinar
Insinuando em decretos
O que é errado, o que é certo
O que é bem, o que é mal
Na Sua filosofia
O que é rir, o que é chorar
O que é o preço da vida
O que foi e o que será
Pois esse senhor sabe tudo
Mas nada quer me contar

Numa hóstia elevada
Num cálice derramado
A liturgia da vida
A bênção de nossa comida
No fogão do santo lenho
A nutrição de meu corpo
A dor de uma abstinência
E o mistério do espírito
Que guia o meu coração
Pelo sofrimento da vida
Sofrimento da consciência

Passa o arrependimento
E o gesto contido em si
O tormento da verdade
Passa e fica logo ali
Passa a mentira ao largo
E as razões para mentir

Passa a volta pela estrada
E passa a dor lancinante
Antes do belo horizonte
Passa antes de chegar
Parte antes de partir
O calar e o mentir
Nas tuas palavras secretas
Nas minhas partes repletas
Do desejo de partir

Liberta, antes que a tarde
Se desfaça no seu fim
Vento falando em latim
Flores de liberdade
Lá no alto da montanha
Liberta, e serás clarim

Liberta, e serás também

Lá no alto da montanha
Lá no alto da montanha

E quando ali retornarmos
Verás que nunca nos fomos
Pois o lugar onde estamos
O lugar onde estaremos
É sempre o lugar que somos

Ah Deus como tu és minha!
Ah Deus, como tu és minha
Ah Deus, como eu era triste
Ah Deus, como tudo existe
Antes mesmo de existir

Tudo passa, tudo passa

Enquanto passa o delírio
Na flor e na palha do milho
A flor do lírio do campo
Passa todo o desencanto
Do passar, do não passar

Passa a relva, a reza passa
Passa o boi, passa a boiada
Passa a água a murmurar
Passa passa passa passa
Nada disso vai passar

E essa poesia tão tola
Que não é tua nem minha
Nalgum livro vai ficar
Uma saudade tão velha
Já mais a ninguém pertence
Uma rosa no sertão
Procurada pelo sol
Daquele mesmo arrebol
De quem não tem Itabira
Não tem vida pra viver
Nem tem sonho pra sonhar

E fica sendo de todos
O que não é teu nem meu
É dos currais e do gado
Do passarim passaredo
Da negra jabuticaba
Do jagunço na batalha
Que mandava me matar
Do pernil numa fornalha
Naquele grande buraco
Compadre meu Quelemém
Pato preto marrequinho
Galinha a cacarejar
Tô fraco... tô fraco...

PRECE RESPONDIDA

No passado de águas claras
Passa tudo sem passar
Passa tudo o que não tive
Passa tudo o que não fui
Tudo o que não sonhei
E o que nunca passará

Lá numa aldeia perdida
Numa aldeia devastada
Um mundo foi esquecido
Um mundo triste, porém
Um mundo de muitas telhas
Verdadeiro mundo além

Além da face do dia
Além do sim e do não
O que se passa comigo
De que não posso acordar?
Será a vida um cordão?
Será o sonho um destino?
Será o passado um sonho?
O que passou, passará?

Com tuas pernas bem finas
Subias nos meus telhados
Para as lágrimas chorar
E molhavas meus telhados
Telhas de coxas meninas
Telhados inexistentes
Um invisível recordar
Do que passou, passará

Vivi toda a minha vida
Em busca da permanência
Pois minha alma é cativa
Do incessante movimento
E dói este sentimento
De que tudo vai passar
Porque sei que nada passa
E que nada vai passar

Pois, quando criou o mundo
Deus previu a permanência
Que permanece na ausência
Permanece no noturno
Sonhar com teu coração
O teu coração que me deste
Mas que deixei a vagar

Passa a lua equilibrada
Na longitude da noite
Da madrugada o avesso
Na fímbria do meu cabelo
Passo a passo o pesadelo
Espreitando meu sonhar

E meu corpo embriagado
Pelo veneno da flor

Um corpo tão sem amor

Passa a pele nacarada
Passa a lua a suspirar
A vida não deu em nada
Nada me veio a calhar

Passa o sol na cordilheira
Passa a manteiga no pão
Passa a noite e a vida inteira
Na beirada do fogão

Passa o verso em desalinho
Passa a noite passa o dia
Passa o nosso descaminho
Passa a prosa, a poesia

A poesia é pungente
É perigo a poesia
Ela nos mata e consome
Ela aumenta a nossa fome
Desperta a filosofia
A poesia é oração
A oração é uma prece
De quando minh'alma desce
Para o mundo a desvendar
O silêncio deste amor
O canto daquele sanhaço
O sangue que virou vinho
O corpo que virou pão
A florada do meu laço
A vida no lento compasso
Do teu cavalo tordilho
Deixou meu corpo em bagaço
E minha alma um sertão

*A tesourinha no fio
Desempenha acrobacias
Vida, vida bem pretinha*

Minha vida, tão sozinha

*Vôo como a tesourinha
Fazendo as acrobacias
Minha vida tão sozinha
Na cama que escolherei
Não morras, não, meu menino
Que por ti eu morrerei*

Só, como um passarinho
Perdida numa amplidão

Não penses que estás sozinho
Não estás sozinho, não
Tens a serra em horizonte
Tens a palavra caída
E o verbo que se fez luz
E o sagrado e o profano
E tudo o que amei e amo
Transbordando de paixão
Neste cristão exercício
Neste rico camafeu

O que era teu persiste
O que era meu é teu

É teu o meu desatino
É tua a minha aflição
É tua a caligrafia
Manuscrita em pedra e cal

*A tua caligrafia
Escrita sobre meu corpo
Antes de a noite acabar
Antes de raiar o dia
A mesma caligrafia
Do raio sobre a montanha
Foi a promessa assinada
Lá no alto da Tormenta
Onde toda a força venta
Onde tão longe se vê
Menino monge trapista
No meu corpo a recitar
Os versos do fim do dia
Versos de um dia a raiar
E na dor da plenitude
A plenitude do abrigo
Que plenamente podia
Reescrever nossa vida
Reescrevendo sempremente
A eterna despedida
Caligrafia invulgar
A caligrafia das costas
A letra de um arranhão
A carta de uma senhora
Que te pede compaixão*

A caligrafia das rugas
A caligrafia das mãos
Segredos compartilhados
Segredos velhos da lida
Segredos de uma família
Segredos do apostolado

Segredos do coração
Segredos a partilhar
Silêncio vem ao teu rosto
Irredutível silêncio
Que não pertence ao teu rosto
Silêncio na tua face
O silêncio do depois

Enigma de um instante
Nada será como antes
Na manhã insinuada
Uma noite constelada
Numa calma necessária
Permissão afrodisíaca
Na cama desarrumada
Uma explicação da vida
Uma luz crepuscular
Banhando todo o meu corpo
Segredos a partilhar
Segredos que a vida guarda
Segredos que a vida conta
Na ponta aguda da serra
O passar e o não passar

*Tudo passa e nada passa
Nada fica sem passar*

*O que passou foi passado
Não passou? Não vai passar*

Passarei, tu passarás
Passaremos para trás
Em provérbios de cimento
Em conversas de tijolo
Telhas do esquecimento
Janelas tão elegíacas
Casa na rua de trás
Casa velha, venerável
Um rio no subsolo
Sala escura dos avós
Uma casa construída
Entre duas casas mortas
Casa escrita em linhas tortas
Uma cozinha maníaca
Uma casa sem varais
Uma casa demolida
Na avenida dos terraços
A rua que não foi tua
A casa que não foi minha
Um porão irremovível
Lívida casa de feixes
A casa do não me deixes
O quarto da goiabada
O corredor do piano
Varanda que foi de Lívia
Alcova que foi de Nise
Casa de Glaura e Marília
De inconfidência vestida

Velha casa do marquês
Casa dos velhos segredos
Passaremos, passareis

Cada um tem sua vez

O segredo da quimera
Pode parecer tão tolo

Duas lágrimas caíram
Na confluência do colo

Uma, lágrima perdida
Outra, lágrima consolo

Mas menino, o teu caminho
Tem o ir e o retornar
E se tantas vezes foste
E tantas vezes voltaste
Foste sempre um passarinho
Esperando pra voar
Voltaste sempre ao teu ninho
Com vontade de passar

E a lágrima derramada
Numa dor preliminar
Fez a lágrima secar

A lágrima passa e o tempo
Sempre sopra o semprevento
A sempretude do sempre
A sempremente passar
Passa a dor amargurada
Passa o boi, passa a boiada
Passa a velha encarquilhada
Passa a lua a repetir
Menina despedaçada
Entre o chorar e o sorrir

As cores que tingem o céu
Antes de a noite descer
Não são do sol cerimônia
Do mais belo e triste adeus?
Toda aquela lentidão
Ante o desaparecer...

Não são as cores palavras
De uma eterna despedida
Do que vai acontecer?
Saudades de um paraíso
E do que nunca sabemos
Se foi verdade ou mentira
Compadre meu Zé Bebelo
Que espécie de reza é?

Sei que o dia passará
Sei que o sol vai ressurgir
Vai renascer uma rosa
Outra rosa ela será

Rosa tão madalena
Rosa que fui, pequena
Roda de imaginação
Rosa fátua do verão

Rosa de magdala
Enfeitando a minha sala
Rosa de um amargo espinho
Arranhando o meu corpinho
Rosa da minha infância
Contém toda a semelhança
Do prisioneiro de si
Na insistência da dor
Tu és rosa, rosa foste
A rosa perceptiva
Uma rosa escura, rara
Rosa da absolvição
Rosa do burro alado
Rosa de um homem tão bom
Rosa do velho Drummond
Rosa vermelha e cativa

Rosa trigo, rosa brava
Rosa pudor, discrição
Flor obscura, traiçoeira
Rosa que Deus criou
Jogo: tu vais, eu vou

Rosa dos bem-me-queres
Rosa-dos-ventos e feres
De inconstância o amor
Rosa que nunca foi flor

Flor que se esvai em flora
A flor de Nossa Senhora
A flor de um manso regato
A flor que perdoa o fato
Flor que perdoa o tido
O não tido, o desejado
Rosa que chega bem tarde
Numa última renúncia
Brotando na ponta do caule
Rosa da ressurreição
A divina engenharia
Flor da nossa evolução
Flor de uma singeleza
Flor da noite, flor do dia
Flor do sim e flor do não
Rosa do Cristo morto
Rosa da igreja fechada
Rosa do negro morcego
Rosa que se foi, mas trouxe
A rosa na palma da mão

A vida seria sem graça
Se tudo permanecesse
Se o tempo não percorresse
O caminho de uma esfera
Se o dia não fosse em frente
Na baça metamorfose
De uma última quimera

Corre o sonho, corre o instante
E tão depressa se escorre
Que tudo o que era antes
Já deixou de existir

O termo existir é forte
Vai além da própria morte
Do desejo de partir

Se tu partiste, menino
Foi para trás de uma porta
Logo volta, logo volta
A amada realidade
E vem bem antes que a tarde
Veja o sol a decair
Antes que a lua apareça
Acima da minha cabeça
Antes de o sol ressurgir

Passa o boi, passa a boiada
Passa a lua e a madrugada
Passa a vida relembrada
Só não passa o meu amor

Não passa o meu sentimento
De que não tenho momento
De que não tenho aonde ir
De que não sei de onde vim
De que tenho uma pergunta
Mais fria que o ar da noite
Mais densa do que a neblina
Maior que a serra daqui

Eu vi num sonho, menino
Que a minha geografia
Arrumou a minha alma
Num palmo de areia branca
Com ondas duras de pedra
Num vasto mar esmeralda
E vislumbrou meu destino
Menina despedaçada

Despedaçada que seja
Num doce despedaçar
Na languidez feminina
Na insensatez de uma ameixa
O poço da timidez
Oferecendo seu verso
Rabiscado no caderno
Sua doce pequenez
Sua pele de azulejo
A sua alma tão erma
O seu cabelo tão noite
Sua boca de cereja
Pois se eu era pequenina
Pequena sou outra vez

Suaves gotas de orvalho
Numa flor, valha-me Deus
Menina tão aplicada
Te esperando numa esquina
Que não sei se vais cruzar
Se não cruzares agora
Valha-me Nossa Senhora
Vou eu me despedaçar

Responde então, meu menino
O que passa, o que fica?
O que um coração abriga
Algum dia vai passar?
Passa a velha encarquilhada
Passa a lua a suspirar
A vida não deu em nada
Nada me veio a calhar

E o tempo irretocável
Como rosto de senhora
Que já passou-se da aurora
Embora a se retocar
Num último amanhecer

Ah não, menino, não chores
Não estou chorando, não
Mas o que são estas gotas
Perfeitas de escuridão?
São águas de um rio grande
São silêncio, são amor

Negro, negro retorno
Negro olhar, negro contorno
Frutas negras e dementes
Lua negra a desabar

Duas frutas escondidas
No cerne de um tronco liso
Brancos olhares de luz
Jabuticabas azuis
Frutas mananciais
Mel negro dos olhos teus
Frutas de Deus e doçura
São duas uvas maduras
Olhos de pedras duras

Flor perigosa no caule
Intensa pérola negra
Uma fruta bem esférica
Mistério branco infinito
Uma fruta experiente
Sumo de olhos tão negros
Resumo de uma atitude
Uma fruta entre os meus dentes

Dois vezes sete são catorze
Três vezes sete, vinte e um
Tive tantos namorados
E não fiquei com nenhum
Todos eles me feriram
Com o mel de sua boca
Quase que fiquei louca
Quase vivi a fugir
No martírio do castigo
Quando Deus zangou comigo
Quando Deus me fez cair
Então me encontrei contigo
E logo te vi partir
Me enamorei dos amores
E não soube resistir

Mas no amor tudo são flores
Tudo são o ir e o vir

Alcatifada de lírios
Círios acesos na alma
Cansada do impossível
Tomada do infactível
Escrevendo o indizível
E tudo será oblívio
Perdida nas minhas dores
Do calar, do proibir
Eternas, vagas lembranças
Recriando a tua face
Lembrança que vai fugir

*As lembranças são tão velhas
Mas ainda me pertencem
Amém*

*Amém, amém, amém
Porque só sei recordar*

O meu lendário avô
Foi neto de bandoleiro
Que foi neto de senhor
De um engenho de boi
Mas o padre foi primeiro
Velho padre Baltazar
Uma longa e triste história
Do padre que foi casar
Do que foi, do que não foi
Do que não foi, mas será

E o padre já casou de novo?
E a noiva já casou de véu?
A vida secreta do povo
Que passa e tira o chapéu

Meu reino por uma chuva
Meu reino por um trovão
Meu reino por um cavalo
Pelo luar do sertão
Meu reino por tua volta
Pelo teu cristianismo
Por aquela anunciada
Navegação interior
Por este amor concebido
Numa conceição sagrada
Meu reino pelo coroinha
Que rezava de joelhos
Ao sacramento santíssimo
Meu reino por tua alma
Por tua boca de opala
Por teu seio masculino
Por tua compreensão
Meu reino por teu delírio
Meu reino por teu amor

E a tua sofreguidão

Amor redondo no céu
Ai a lua espevitada
Ai a roda dentilhada
A girar e a girar
Numa perfeita engrenagem
Roda sem jamais parar
Roda da roda-viva
Roda da compaixão
Porque Deus redime os tolos
Deus redime a multidão

Ah meu cordeiro de Deus
Cordeiro do coração
Redime esta tua filha
Redime da acusação

De que o amor é pecado
De que o amor é pecado

O amor concedeu primeiro
O véu de todo o prazer
Prazer do doce meneio
Prazer do longo ademane
Um eterno cativeiro
O amor, só por si, já é
Um doce arrependimento
O amor é o paramento
O amor é feito de fé
O amor, não há quem se engane
Vem do jeito que ele quer

Concedeu, segundo, o mundo
Terceiro, a comunhão
Concedeu a ilusória
Nudez da percepção

A excomunhão no quarto
Na alcova a redenção
Ah Cordeirinho de Deus
Cordeiro do coração
Redime esta tua filha
Depois concede uma pena
Vinte e uma ave-marias
A leitura do sermão
Do padre que se casou
Do padre que foi pecador

A santa do escapulário
A escuridão do sacrário
Uma noite sem dormir
Acordada entre teus beijos
Que não me deixam dormir
Que não me deixam dormir

Passam, passam nuvens e corujas
No céu passa a simetria
Passam estrelas tão sujas
Passa o raiar do dia

Passa uma prece contida
Do começo ao fim da vida
A resposta, a saída
O canto do sabiá
Que canta de madrugada
Para me dar alívio
Numa cama solitária
Numa tão branca mortalha
Uma cantiga tão cisne
Cantiga de me ninar
Cantiga de um sabiá
E se caçador ele fosse
Caçava o meu despertar

*Mas acordada prossigo
Namorada das palavras
Que vêm de onde? Não sei
A vida é sempre um perigo
Executado nas almas
Executado nas leis*

*A lei do dia e da noite
A lei do ir, do voltar
A lei do fim, do início
A lei do amor que se foi
Do que passou, vai passar
Do que passou, não passou
Que não passou, passará*

Os versos vêm num repente
Como se assim fosse a vida
Mas não é assim a vida?
Uma súbita chegada
E uma súbita partida

Nos braços do meu Senhor

A vida aqui corre lenta
Breve aqui a vida passa
Tua serra declinada
Me transforma numa pedra
E a pedra em pensamento
De que nada vai passar
O que passou foi o medo
Rochedo longe do mar

Marcado um parto no ventre
Derramado todo o leite

E numa noite sem luz
Beijo os meninos azuis
E o seu azul coração
Deitados no muito longe
São do meu pranto filhos
Do meu amor são remates
Da minha festa, ciprestes
São dois arcanjos faceiros
Com cabelos reluzentes
Da cor da palha do milho
E olhos perguntadores
De quem um dia serei
Antiga na devoção
Por eles eu tenho um Deus
Cabelos, luzes perdidas
Na escuridão de uma noite

Bem-aventurados os filhos
Bem-aventurados os tolos
Todos os seres feridos
Todos os oprimidos
E os puros de coração
Amém

*Duas natas goiabeiras
Uma branca, uma vermelha*

*Um silente abacateiro
E os combogós escarlates
E a mais densa poeira
E o muro levantado
E o telhado inexistente
A reter o velho tempo*

No tempo em que eu tinha quintal
Foi quando eu era menina
Tinha pai e um desespero
De desbravar este mundo
Mas ele me desbravou
E mansa do coração
Mas brusca na atitude
Na aptidão messalina
Ferindo por ser ferida
Perdendo por ser perdida
E encontrada depois
Vivendo meus pesadelos
Numa pena e num tinteiro
Na barra do meu vestido
Na juventude das coxas
Na inocência esquecida
Nas roxas saias de Deus
Ah quantas vezes fui rude
Ah tantas vezes fui má
Tudo passa tudo passa
Não passa o que eu desejar
A menina tão afoita
A menina tão aflita
Às turras com o destino
Como fosse condenada
A um nunca desistir
Flor de uma obsessão
Flor da paixão ardente

Uma pálida noviça
Com medo do desperdício
Toda de vício e sonhos
Uma luz embriagada
Uma lua com ciúme
Querendo ser vagalume

Ah quantas vezes fui pura
Ah tantas vezes fui só
Nas brochuras desvendadas
Por todos os mortos que sou
E que Deus me revelou

Deus sempre foi meu amigo
Até hoje, ao menos, foi
(mas não se elogia um anjo
antes do apocalipse)
Deus sempre foi criança
E brinca com nossas vidas
Nossas vidas relegadas
Ao mais profundo abandono
Onde estás que não Te vejo?
Onde estás, que não Te sinto?
Num copo de absinto
Num cálice derradeiro
No cume da serra escura
Onde fui Te encontrar

Bem-aventurados os tolos
E os que são puro espírito
Governados pelos mortos
Nunca vamos escapar
Do que Deus nos escreveu
Com Sua caligrafia

E foi Ele quem mandou
Alguém vir me procurar
Pois eu esperava sozinha
Cega como os platônicos
Versos que estou a rezar

Te encontrei atrás da porta
Te vi entre a multidão
Meu reino por teu cavalo
Meu reino por teus cabelos
Meu reino por teus desvelos
Meu reino por tuas mãos

O quanto eu já era tua!
O quanto eu já era tua!

E brincando aos quatro ventos
Na brincadeira da vida
Meu Deus, como eu era nua
Meu Deus como eu era só
Meu Deus, como eu era noite

Onde estás, ó meu amor
Onde estás que não te vejo?
À sombra de um arvoredo
Debaixo dos manguezais?
Onde estás, ó meu querido
Estou aqui de castigo
Desamparada de todo
Longe do meu amigo
Longe dos teus lençóis
Velando pelos teus santos
Acendendo as sete velas
Na cidade de águas turvas
Perambulando perdida
Por suas ruas de asfalto
Por seus raros matagais

Destrançando as tranças minhas
Vasculhando na lembrança
Cantando versos tão ávidos
Versos impetuosos
Versos que a noite trouxe
Em lágrimas recaídas
Versos tocados em riste
Comendo doce de leite
Um queijo branco de lua
Uma rosca de fubá
Cantando versos banais
Em sete sílabas tristes
Arrumando no cabide
O vestido que usarei
Vestido de musselina
Vestido de flores vivas
Vestido de rebordados
O vestido da memória
Decorando a tabuada
Voltando a ser concubina
Escrevendo meus recados
Nesta máquina franzina
Maquinando os delicados
Provérbios religionais
E os mais antigos salmos
E o cântico dos cânticos
E as odes repetitivas
Rondós, idílios, baladas

Vilancetes bem glosados
Sonetos e ditirambos
E modinhas matinais
As minhas palavras santas

As minhas palavras impuras
As palavras obscenas
Que tu reputas humanas
E que, portanto, são tuas
E todas aquelas hetairas
Que foram à tua cama
E que reputas humanas
Um negro decameron
O teu sombrio arquivo
De prazer e traição
E que reputas um sonho
Um trágico misticismo
Perdido nos teus desvelos
De viver a plenitude
Em ti toda a dor do mundo
Em ti toda a chaga ardente
Do que é humanidade

Passarei, não passarás
Ai laranja, laranjinha
O café sai da cozinha
O café filosofal
E vou bordando sozinha
Teu nome no meu enxoval

Dois panos de prato, um lenço
Três toalhas de algodão
Uma anágua de cetim
Uma camisola de renda
Um vestido e um sapato
Um ramalhete na mão

O anel que tu me deste
Era ouro imaginário
Uma aliança celeste
Um aro de compromisso

*A grinalda que me deste
Era pura tentação*

*O amor que tu me deste
Era de algo maciço
A lágrima que deitaste
Era da dor crucifixo*

*A lágrima que me deste
Era vidro e se quebrou
Madrepérola na boca
Vastos dilemas de amor*

*E mergulhado no sono
O menino caçador
Caçando o nosso destino
Na água do escorredor*

*Enquanto eu choro sozinha
Na cadeira da cozinha
O que foi perdido antes
E foi perdido depois
No cume da alta serra
Onde todo o vento canta
Onde tão longe se lê*

E quando ali retornarmos
Verei que nunca nos fomos
Pois o lugar onde estamos
O lugar onde estaremos
É sempre o lugar que somos

Passa a velha encarquilhada
Passa a lua a suspirar
A vida não deu em nada
Nada me veio a calhar

Passa a vida numa estrada
Banana num alguidar
Foi-se a menina do tacho
O doce despedaçar
Passou sem ver o que fosse
Passou num mudo recato
Um pastelzinho de freira
Uma eterna brincadeira
E Deus via lá do alto
Lá da serra onde venta
Que na pia da água benta
Naquela tarde cinzenta
A cruz cingiu uma nuvem
Rapsódia de uma virgem
Num evangelho de chita
A luz passou a brilhar

*E uma cerimônia se fez
Aos pés da Senhora santa
Debaixo de um longo manto
Casamento montanhês
Uma santa liturgia
Na lágrima do martírio
Lágrima flor de lírio
Flor que não vai passar*

E no fim desta cantiga
Que não é tua nem minha
Porque é minha e é tua
Receberei do bom Carlos
As asas dos seus cavalos
A sombra da tua serra
Voando sobre a cambraia
Do pano da minha saia
Teus olhos eu vou bordá-los
Na superfície tão nua
Do meu rosto desnudado
Pelo antes e o depois
Porque, ó meu passarinho
A vida é besta demais
É demais a luta vã
Nestas noites estivais
É demais o sofrimento
Do que eu fui incapaz

E foi-se embora a manhã
Foi-se e não volta mais

Casamento montanhês
Do senão com o talvez

Permanece a desventura
Permanece a solidão
E também o desamor
Na vida da criatura
Por ordem do Criador

*Enquanto passa o delírio
Na flor, na palha do milho
A flor do lírio do campo
Passa todo o desencanto
Do passar, do não passar*

*Passa a chuva de água clara
Passa a lua devagar
Passa o boi, passa a boiada
Passa a água a murmurar
Passa passa passa passa
Nada disso vai passar...*

Este livro contém citações ou menções a Carlos Drummond de Andrade, Guimarães Rosa, João Cabral de Melo Neto, Manuel Bandeira, Machado de Assis, Augusto dos Anjos, Ariano Suassuna, Rachel de Queiroz, Lygia Fagundes Telles, Marco Lucchesi, Cláudio Manoel da Costa, entre outras, inconscientes.

Este livro foi composto na tipologia Legacy Serif, no corpo 11.5/15,
e impresso em papel pólen bold 90g/m²
no Sistema Cameron da Divisão Gráfica da Distribuidora Record